观复猫

今朝有猫万事足

马未都 著

中信出版集团｜北京

图书在版编目（CIP）数据

观复猫. 今朝有猫万事足 / 马未都著. -- 北京 ：
中信出版社，2019.12（2021.4 重印）
ISBN 978-7-5217-1109-7

Ⅰ. ①观… Ⅱ. ①马… Ⅲ. ①收藏—文化—中国—通
俗读物 Ⅳ. ①G262-49

中国版本图书馆CIP数据核字(2019)第218264号

观复猫：今朝有猫万事足

著　　者：马未都
出版发行：中信出版集团股份有限公司
（北京市朝阳区惠新东街甲4号富盛大厦2座　邮编　100029）
承 印 者：鸿博昊天科技有限公司

开　　本：889mm×1194mm　1/24　　印　　张：9.5　　字　　数：95千字
版　　次：2019年12月第1版　　印　　次：2021年4月第2次印刷
书　　号：ISBN 978–7–5217–1109–7
定　　价：59.80元

目录

有猫万事足 五代至明清的喵星人 005

蓝毛毛

有猫万事足

——五代至明清的喵星人

大家好，我是观复博物馆的学术馆长蓝毛毛。我将带领大家寻觅古籍文物、史料异闻，探寻喵星人在中国历史上的足迹，讲述属于猫的那段传奇。

在这本书中，我们着重讲述五代至明清这千年间的猫之历史、趣事、传说，以及著名的铲屎官们。

王情圣

一　能说会道

听说过猫说人话的事吗？蓝毛毛表示：从五代至明清，有关猫开口说话的记载层出不穷。对喵星人，你可能展现过最搞怪的样子，流露过最不设防的心意，甚至倾诉过最真实的秘密。但如果有一天喵星人真的开口说话，你是会惊会喜，还是会忧会惧？

第一个记载·五代

第一个故事记载于五代时期的野史笔记《玉堂闲话》。

话说徐州有个“假”道士，名叫王守贞。为什么说他是个“假”道士呢？据宋人记载：道士有两种，一种是正统的道士，尊道教，读道典，穿道袍；另一种道士则很随意，不尊道教，不诵道典，只穿道袍。后者有个专门的叫法：寄褐道士。这位王守贞，就是个不折不扣的寄褐道士。

王守贞身为寄褐道士，除了穿一身道袍以外，其他规矩一概不遵，比非宗教人士还要自由。《玉堂闲话》记载，他“蓄妻子而不居宫观，行极凡鄙”。甚至在游览道门圣地时，将其中写有天神秘文的符箓圣物偷出，看过后就草草扔在卧榻下，但没有一丝尊重敬畏，还极尽亵渎之能事。

孔子在《周易·文言》中说："积善之家，必有余庆；积不善之家，必有余殃。"可能是做的坏事累积到了顶点，王守贞家里开始出现怪事，其中就有家里的猫！猫不但开始说话，说的还是劝诫之语："猫儿语：'莫如此，莫如此。'"连一向高冷傲娇的喵星人都看不过去了，忍不住开口劝诫，可见其行为真的是喵神共愤。但王守贞夫妇并不听劝阻，后于十日之内暴毙而亡。

第二个记载·宋代

第二个故事见于宋代的《续墨客挥犀》，这是一本十分有说服力的野史笔记。由江西人龚冕仲亲口讲述，事件与龚家先祖们的功名紧密相关。

据龚冕仲的先祖回忆，那天一大早就透着不对劲，因为打鸣叫早的是家里的母鸡！牝（pìn）鸡司晨，这可不是好兆头，大伙儿心里嘀咕着起床出了家门，没想到院子里更热闹：门边的中华田园犬不知从哪儿弄来了头巾，戴上后可谓"人模狗样"；老鼠也不怕人了，大白天成群结队倾巢而出；就连锅碗瓢盆都像长了脚，根本不在往常的位置。

龚冕仲的先祖们受到了惊吓，在那个年代，这种事出现只有一种解决办法——请神婆。神婆徐阿婆技艺精湛，盛名在外，龚家人客客气气地赶忙把徐阿婆请进了家。当时天气寒冷，屋里生了暖炉，龚家先祖和徐阿婆对炉而坐，炉边卧着家里的一只猫。

龚家先祖看着这只猫，悲从中来，对徐阿婆哭诉道：徐阿婆，不瞒您说，我们一家老小的身家性命可全指望您了，要知道如今家里除了这只猫比较正常，其他的东西可全成了精了……“吾家百物皆为异，不为异者独此猫耳”。

然而就在这时，出现了黑色幽默的一幕，只见此猫突然像人一般站了起来，行了个恭恭敬敬的拱手礼，羞涩地说道：“不敢。”

不敢当此夸奖，我也是成精了的啊！

你问这件事情的结果？这只猫的行为，当场就把传说中技术过硬的神婆徐阿婆吓跑了。但几日后，皇榜揭，捷音至，龚家二子均科举高中。家人掐指一算，揭皇榜的日期和家里作妖的日期正好对上，这才知道前几天的异象都是应了今天的大捷。从此家中安乐吉祥，再无异常。

所以说，喵星人开口说话，可能带来天大的好运呢。

第三个记载·清代

在讲第三个故事之前，请跟着蓝毛毛思考一个问题：如果你家的猫开口说话了，你会怎么办？清代的异闻笔记《耳食录》就生动地记载了一个人在目击猫开口说话后的反应。这个故事的主人公，是《耳食录》的作者——乐钧的朋友的朋友。在月明星稀的一个夜晚，万籁俱寂，这位朋友正要就寝，突然听到窗外传来清晰的说话声。往外一看，吓得这位兄台汗毛倒立，原来说话的不是别人，正是自家和邻居家的两只猫。

两只猫磨磨叽叽，讨论的是村西头一家娶媳妇，要不要去偷吃宴席美食的事。邻家猫再三邀请，自家猫却担心那家厨娘把好吃的藏起来，白跑一趟。争执良久，自家猫终于拗不过盛情邀请，勉为其难地跟着邻家猫，消失在墙那头，留下屋内的蓝星人独自冒着冷汗，一夜无眠……

第二天，天刚亮，这位兄台就拿起锤子找猫。没想到，自家猫竟喊起冤来："天乎冤哉！吾真无罪也。"主人责问猫："你是一只猫，却能说人话，还不该杀吗？"猫不服答道："猫诚能言，然天下之猫皆能言也，庸独我乎？公既恶之，猫请勿言。"天下的猫都能说话，又不是只有我会说。主人大怒："看来是真妖怪了，还是杀了好！"

眼看就要血溅当场，猫却不慌不忙，说出一篇大道理：我要真是妖，就你一个凡人，能逮到我？你杀了我，你家闹鼠，搅得日夜不安，器物毁坏，损失更大。不如留着我，我一定努力捕鼠报恩于你。

猫的这番巧舌如簧，果然打动了这位兄台，"笑而释之，猫竟逸去，亦无他异"。自此人猫两安，再无惊扰。

说到这里，蓝毛毛也想提醒大家，不但喵能说人话，人也能说喵语。

五代末至北宋初，陕西、河南一带，有不少目击者经常遇到一个怪人。这个人往往一身酒气，纵马驰骋，最特别的是，无论碰到贵贱老少，他都不说人话，张口猫语，只会叫“苗”。《宋史》记载：“纵酒跅（tuò）弛，逢人无贵贱辄呼‘苗’。”苏轼也曾忠实记录了这桩怪事：“秩满，遂不仕。放旷岐、雍、陕、洛间，逢人无贵贱，口称猫。”（《苏轼集·卷九十四》）

“苗”为“猫”的异体字，也是“喵”的字源，故“口称苗”在古籍中也记载为“口称猫”。陆游《初归杂咏》中的名句“偶尔作官羞问马，颓然对客但称猫”，说的就是这位大人的事迹。

这位特立独行的人并非被猫妖附身，相反，他是个头脑清醒的官员。这位大人名叫郭忠恕，由于争忿朝政，仕途不顺，被贬削籍。“一朝被蛇咬，十年怕井绳”，于是他放纵山水间。如此逢人便“喵”的行为艺术，只不过是一种表达不满的独特方式。

郭忠恕的这种极端表达令人印象深刻，此后“口称猫”反而自成流派，延续着不屈的生命力。

郭大人的行为艺术提示我们，官场准则：吵架要赢，不然就“喵”。

二 宋人爱猫

中国猫之记载，始于先秦，崛起于唐，盛于两宋。宋之前，猫之记载多神乎其神，先秦之“猫神”与隋唐之“猫鬼”，笼罩在猫之历史疑云中，奠定了灵异精怪之基调。

宋人的猫，却走下神坛，走入凡间，上到达官显贵，下到贩夫走卒，文人骚客，三六九等，养猫、爱猫、美猫、画猫，处处有猫。一句话：宋人爱猫。

达官爱猫

宋人笔记中多有谈及爱猫之事。岳飞的孙子岳珂写过一本记述两宋朝野见闻的笔记，叫《桯史》，其中说道：“家素蓄一青色猫，善咋鼠，家人咸爱之。”但此猫“出门即逸去，购求竟不获”。爱猫丢失后，家人还悬赏寻找。此情此景，古今无别。

巧合的是，秦桧的孙女也丢过猫，这件事被陆游写进自己的《老学庵笔记》，史称“狮猫案”。何为狮猫？据描写南宋风貌的《咸淳临安志》和《梦粱录》载：“都人畜猫，长毛白色者，名狮猫，盖不捕鼠，猫徒以观美。”不捕鼠，只观美，可谓是名副其实的宠物猫了。书中亦言狮猫“多府第贵官诸司人畜之，特见贵爱”。

再说“狮猫案”。权贵家丢了名贵的狮猫，搜遍全城，鸡飞狗跳，逮了无数无辜的狮猫，最后也没有找到。明朝冯梦龙把“狮猫案”收录在《喻世明言》里：秦桧孙女的宝贝

黄枪枪

狮猫丢失后，办案官员“数日间拿到狮猫数百，带累猫主吃苦使钱，不可尽述”。

百姓爱猫

权贵者爱猫贵猫，百姓亦爱，宋朝全民养猫，无人戒猫。当时繁荣的经济，为喵星人的扩张计划做出了给力的贡献。

有两本记述宋朝风物的著作：《东京梦华录》和《武林旧事》，前者追述北宋都城开封风土，后者追忆南宋都城临安风情，都记下了宋猫经济的繁荣：“相国寺每月五次开放万姓交易，大三门上皆是飞禽猫犬之类，珍禽奇兽．无所不有”；“养猫则供猫食并小鱼”；“猫窝、猫鱼、卖猫儿、改猫犬”。

看看，猫窝、猫粮、小鱼、卖猫，是不是很熟悉？而“改猫犬”是何物？

答曰：宠物美容啊！

文人爱猫

历朝历代，最爱猫的一定是文学青年。为什么呢？

书之于书生，如剑之于剑客，一日不可离身，片刻不可离魂。宋朝文风甚重，文人藏书颇多，猫咪能捕鼠护书，对文人就多了一些恩德。又加之猫高冷、静逸之情态，触之柔软，观之可亲，案头花下，憨态可掬，文人灵感因猫而起，对猫之情谊在日复一日中愈加深厚，自是当然。

历代文人诗词中出现“猫”的频次，粗略统计宋代最多，明代次之。宋朝写猫诗的诗人名字可谓如雷贯耳：苏轼、陆游、辛弃疾、黄庭坚、范成大、杨万里、林逋、梅尧臣、文天祥……

喵生如醉，可成诗，可入画。事实上，猫之绘画在宋朝呈现了爆炸式增长。比如宋朝第一艺术家宋徽宗执政时，官修的画录《宣和画谱》中显示，宫中收藏之猫戏图，仅题目中有“猫”的就有约136种。

宋徽宗自己也曾画过《猫蝶图》。“猫蝶”谐音“耄耋”（mào dié），一种说法是：年九十曰耄，年八十曰耋，耄耋图因意象生动、寓意长寿，已成一种固定吉祥题材。

三　最强猫奴

宋人爱猫，宋朝的诗人也爱写猫，现存宋朝带“猫”字的诗是历朝中最多的。在这些猫诗中，一些是将猫捕鼠的天性作为发挥，一些是猫之历史事件的讽咏，一些是对猫画的题诗。

马都督

这其中有一个人，把猫诗写出了风骨，写出了意味。他的猫诗数量最多，最丰富，最够劲，写出了实打实的情真意切。其中有四首连标题都写得明明白白，是赠给猫（主子）的。知古鉴今，希望各位猫奴们好好学习、体会。

让我们请出宋朝最强猫奴——爱国又爱猫的陆游陆放翁！

陆游对猫儿的心意，那是真真发自内心。首先，请猫入驻家中，捕鼠护书，此是大事，不可儿戏。只见陆放翁恭肃端谨，按古礼携"聘礼"以迎之："裹盐迎得小狸奴，尽护山房万卷书。惭愧家贫策勋薄，寒无毡坐食无鱼。""狸奴"自古是猫的别称，为了保护书籍，陆游用"盐"迎来了"小狸奴"。

你可能要问：为什么用盐？宋朝食盐被官方垄断，有时贵到百姓都不忍多吃，苏轼曾为此写诗讽刺："岂是闻韶解忘味，迩来三月食无盐。"可见用盐来当聘礼，不可谓不郑重。不过，用鲜鱼来聘猫的也有。黄庭坚写过一首《乞猫》诗："闻道狸奴将数子，买鱼穿柳聘衔蝉。""衔蝉"亦是猫的别称。黄庭坚听闻"狸奴"新产小奶喵一窝，于是赶快买条鲜鱼，用柳枝穿上，聘取"衔蝉"猫儿一只。

伐鼠之师不可无名，聘来了猫儿，下一步就要取名了。陆游德全礼备，取名字也是恭恭敬敬、认认真真。比如有诗《赠粉鼻》，说明猫名唤"粉鼻"；有诗《得猫於近村 以雪儿名之 戏为作诗》，说明猫名唤"雪儿"；再如《赠猫·其一》诗中有："仍当立名字，唤作小於菟 。"於菟（wū tú），是春秋时楚国人对"虎"的称呼，猫名"小於菟"，就

杨家枪

是小老虎。

下了聘礼，取了名字，猫主子的名分就算定了。对书痴陆游来说，迎来这些“护书宝”，他的感激之情溢于言表，因此开头的诗句充满一个新手猫奴的欣喜与忐忑：“惭愧家贫策勋薄，寒无毡坐食无鱼。”

“策勋”，古代把功勋记录在简策上，即功劳簿。陆游面对初来的猫主子，自己惭愧反省：家中贫，工资少，寒无毡，食无鱼，跟着我，主子您受苦了！

在《鼠屡败吾书偶得狸奴捕杀无虚日群鼠几空为赋》中，陆游亦深情地感慨：“鱼飧虽薄真无愧，不向花间捕蝶忙。”虽然给的鱼不多，幸好猫主子不挑食，也不贪玩扑蝶，而是兢兢业业地把事办了，伐鼠大业卓有成效，对此陆游颇感欣慰。

陆游高兴坏了，于是想方设法给猫主子进贡：来，吃！你为我办事，我为你拌饭。于是我们看到了这样的诗句：“盐裹聘狸奴，常看戏座隅。时时醉薄荷，夜夜占氍毹。鼠穴功方列，鱼餐赏岂无。”

氍毹（qú shū），就是毡垫。只要捕鼠，舒适的毡垫会有的，美味的鱼餐也会有的。看着猫主子在自己坐的“座隅”边嬉戏，在自己布的“氍毹”上取暖，吃着自己精心准备的“鱼餐”，嗅着自己种的“薄荷”，老鼠没有，猫猫很萌，陆游看着看着，感觉自己也要醉了……

日子过得越来越好，老鼠不见了，猫主子们宠也宠不够，可能是陆游的“鱼餐”太好吃，也可能是这批猫主子太傲娇，渐渐地我们发现了这样的猫诗：“执鼠无功元不劾，一箪鱼饭以时来。”陆游吐槽猫主子：没抓到老鼠我就不说什么了，但一到放“鱼饭”的点儿，你一溜烟就出现了！

还有过分的：“狸奴睡被中，鼠横若不闻。残我架上书，祸乃及斯文。”“甚矣翻盆暴，嗟君睡得成！但思鱼餍足，不顾鼠纵横。”

不捕鼠，我忍！

爱吃鱼，我忍！

睡大觉，我忍！

摔盆砸碗让我睡不成，怎么忍？！

于是被猫主子生生扰了好觉的陆游愤然而起，题诗一首表达对猫主子的强烈谴责，诗名即为《嘲畜猫》。然而，我们有理由相信，谴责归谴责，嘲笑归嘲笑，深度猫奴陆游是不会对猫主子怎么样的。

显然陆游早就意识到了这一点，并深表臣服，于是就有了诗句：“薄荷时时醉，氍毹夜夜温。前生旧童子，伴我老山村。”猫主子的日夜陪伴润物无声，如清泉水洒在陆游心间。“你是前生就伴我左右的童子吧？”陆游有时看着猫会遐想。

“听雨蒙僧衲，挑灯拥地炉。勿生孤寂念，道伴大狸奴。”长雨、僧衣、独饮、独酌，但我不孤寂，放下酒盏的陆游坚定地握拳：因为我有——大狸奴！

名字一旦加上“大”字，就会变得无比亲近、有人情味，比如“大肥”亲过“肥肥”，“大胖”亲过“胖胖”。由此我们可以总结出：别出心裁地在“狸奴”前加上“大”字的陆游，吸猫“中毒”已经十级了。

时间走到1192年冬月初四，陆游已经67岁。这一天风雨大作，爱国诗人陆游写下了千古名篇《十一月四日风雨大作·其二》：

僵卧孤村不自哀，尚思为国戍轮台。
夜阑卧听风吹雨，铁马冰河入梦来。

凄风苦雨，贫病交加，快被冻僵的老人奋不顾身，梦中尚思祖国河山。想一想，爱国诗人的热血果然不是说着玩的啊！

打住！快把刚才的幻想抹掉，让我们读读完整系列。在同一天陆游还作了一首《十一月四日风雨大作·其一》，还原了当日的另一番场景：

风卷江湖雨暗村，四山声作海涛翻。
溪柴火软蛮毡暖，我与狸奴不出门。

孟大咖

屋外风雨大作如惊涛拍岸，而屋内“溪柴火软”，陆游听着窗外的“风卷江湖”，手中相触的是“狸奴”的温软。外面是狂的冷的，屋内是静的暖的，一山风雨，一室温馨……风更紧了，雨更密了，陆游抱了抱爱猫：

夜阑卧听风吹雨，铁马冰河入梦来。

陆放翁创作的猫诗不完全统计：

《赠猫》三首

《赠粉鼻》

《得猫於近村以雪儿名之戏为作诗》

《鼠屡败吾书偶得狸奴捕杀无虚日群鼠几空为赋》

《二感》

《嘲畜猫》

《十一月四日风雨大作・其一》

《独酌罢夜坐》

《鼠败书》

《自嘲二首・其一》

《北窗》

《冬日斋中即事》

小二黑

四　有情有义

宋代猫的可爱妩媚初现端倪，但猫不可貌相，除了可爱的外貌，猫还有一颗情义两全的心。世间的悲欢离合，男欢女爱，恩义忠孝，在猫儿的身上也能得到体现。

猫之情

辽、金、西夏、元，是游牧民族建立的政权，猫的资料相对稀少。最接地气的元曲中，出现了猫的身影。

元曲中的猫特点鲜明，一方面是以猫的自然生理现象打比喻，比如：

《合汗衫》："莫道出家便受戒，那个猫儿不吃腥"，说的是猫爱吃荤腥。

《诸葛亮博望烧屯》："他来如狼似虎，去后似犬如猫"，说的是猫的体形和性情。

《罗李郎大闹相国寺》："我别无人则把你个孩儿靠，儿呵，你休做了猫儿向屋头溺"，说的是猫的生活习性。

另一方面，元曲多写人间百态，爱恨情仇，猫也多用来暗示男女之情。比如：

《折桂令·忆别》："见一个母猫儿早引了魂灵，见一个玉天仙敢软下腰截。"

《塞鸿秋》："一对儿虎猫儿绣凳上相偎定。觑了动人情，不由人心儿硬，冷清清偏俺合孤另。"

《琵琶记》："前日艳阳天气，花红柳绿，猫儿狗儿也动心，你也不动一动。"

《六宫戏婴图》：“吴兴弟子广王风，六宫猫犬无相思。”

猫之义

别以为猫都是谈情说爱的，有个故事讲的是一只猫的有情有义，在宋代的《中吴纪闻》、明代的《续文献通考》和清人的《坚瓠集》中都有收录，明确谓之“义猫”。

《续文献通考》这样写道：姑苏城有一小民，因“负官租”而举家出逃，“家独一猫”，催租者就将此猫卖给了“徽铺客”。年余后，一日逃租小民路过故地，喧闹人丛中旧猫忽然出现，跳入其怀中，小民欣喜交加。但猫有新主，之前买了猫的徽铺客不干了，强行“夺之去”，老猫“悲鸣不已”。

失而得之，又复失之。逃租小民经过白天的一喜一惊，夜晚独自惆怅于舟船中，此时，却听见乌篷簌簌作响，“起而视之，猫也”。

小民甚是感动，又发现猫嘴中叼一绫帕，发而验之，“有金五两余”。故事至此完结，猫金两得，皆大欢喜。此猫不忘旧主，芳名流传，人们赞赏其忠心，冠之以“义猫”。

但是，这个故事在《坚瓠集》中的记载却多了一个悲伤的结尾：小民得猫得金后，喜不自胜，下定决心犒赏老猫，“明晨见有卖鱼者，买鱼饲之”，猫吃了一会儿，竟然伤腹而死，小民“哀泣而埋之”。

猫逢故主，衔金以报，这和一直以来民间高傲薄情的猫形象大相径庭。对此，蓝毛毛记得亚圣孟子有这样一段话：“孟子告齐宣王曰：‘君之视臣如手足，则臣视君如腹心；君之视臣如犬马，则臣视君如国人；君之视臣如土芥，则臣视君如寇仇’。”

蓝毛毛说：我们的心思敏感，表达细腻，多数时间，我们冷观默记，不羁顽皮。但若你曾爱我护我，珍我重我，我亦经年铭记，只等一个恰当的时机，衔环结草，殒身不恤。

猫之忠

无独有偶，另一个故事也记载了一只“义猫”，此猫毛色稀奇，乃至人人争夺，见于清代的《见闻录》。

话说山西有一富人，养一稀世珍猫，据记载此猫金睛、碧爪、朱顶、黑尾、毛白如雪，“富人畜之珍甚”。

常言道：匹夫无罪，怀璧其罪。此猫毛色稀奇，坊间有贵人子“见而爱之”，想方设法要弄到手，颇费了一番功夫。贵人子与猫主人相商，一开始以骏马易之，主人不与；再以爱妾易之，主人仍不与；终以千金购之，主人依然不与。一猫千金，出价者的豪气与猫主人的坚定都让人咋舌。

此猫魅力太大，贵人子求之不得，居然走上了不择手段的歪路。自古以来，贵人比富人多的就是权势。于是费尽心思的贵人子使出手段，“陷之盗破其家”，但没想到猫主人硬是宁为玉碎不为瓦全，咬着牙还是不给。

家破猫还在，枉拔盗贼名。执着的猫主人携猫从山西逃至广陵，并为了对抗有权的贵人子，自认为聪明地“依于巨商家”——选择了一个大靠山。可让猫主人始料未及的是，此猫简直是红颜祸水，自带吸人体质，巨商不能自已，“亦爱其猫”，并且和之前的贵人子一样，“百计求之不得”，最终也走上了犯罪之路。

巨商定下毒计，要“以鸩酒毒之”。就在猫主人命悬一线的关键时刻，一直被争来抢去的稀世珍猫居然出手了。从记载看，这只稀世珍猫也确实有让众人疯狂的底气——既聪明又有人情味。就在巨商将混有鸩毒的美酒赐给猫主人时，此猫“倾其酒，再斟再倾，如是者三”。在猫的提示下，猫主人终于发现情形不对，当夜即和此猫一同遁去。

按说一般的故事到此就能收尾了：主人与猫从此隐姓埋名，不知所踪，江湖上流传着他们的传说……但《见闻录》中故事的结尾却悲情许多：主人与猫夜半奔逃，千藏万躲，在黄河边遇到了一位故人。经过前番种种打击的猫主人，此时已不敢再相信任何人，万般无奈下，携猫“匿于舟后，渡黄河”，但风高浪急，世辛时艰，猫主人居然失足溺水，一命呜呼矣。

再说此猫，不负主人珍重，“猫见主人堕河，叫呼跳号”，舟上人捞救不及，猫“亦投水，与波俱汩”。岸边人徒观无情黄河水，见闻者共叹义猫殉主情。

宋球球

你与我恩义，我与你忠义。纵千金换你，临危因你，颠沛由你，殒身在你，我亦不与。而你最终也全我一世在意。

故事进行到这里，虽然感人肺腑，却有理智的看客发出这样的疑问：这故事存在逻辑漏洞，主人与猫俱落水而亡，那么之前的曲折秘辛，后人是如何得知的呢？《见闻录》的故事最后，用一个梦解释了上述问题。却说那位在黄河边遇到的故人，是夕做了一个梦，梦中故友音容如旧，稀世珍猫亦是乖巧可爱。猫主人梦中道尽曲折，并郑重告之："我与猫不死，俱在天妃宫中。"

天妃，水神也。这位故人第二天就赶紧去拜谒天妃宫，"见富人尸与猫俱在神庑下，买棺瘗之""埋其猫于侧"。稀世珍猫与主人最终不离不弃，生死相依，令人唏嘘。

古语云：忠义成神。

五　皇帝猫奴

有这样一个朝代，享国 276 年，17 朝 16 帝；有上马守国门的天子，有落拓死社稷的君王；有盛世凯歌的一部大典，有威扬海外的七下西洋；有你死我活的朝堂纷争，也有流传至今的市井篇章。这就是明朝，耿直朴素，华丽荒唐。

生活在大明王朝的人们性格各异，在史料的记载中亦庄亦谐。至于我们喵星人的身影

云朵朵

则穿插其间，构成别样的历史时光。

明代内廷、民间皆养猫，然朝堂爱猫之心却压倒了民间，国家最高统治者是最大的猫奴。明朝皇帝爱猫，从弘治到万历，养猫蔚然成风。这种爱猫之风到什么程度呢？

首先是猫的住处。犹如马霸霸对猫的喜爱，专门在观复博物馆内开辟了观复猫办公室、猫别墅、猫公馆、猫城堡、猫亭，明朝皇帝养猫的地方也有多处，宫外的南海子、乾明门，都曾养过御猫。而在皇帝居住的紫禁城内，更是设有专门的猫儿房。据《万历野获编》记载："乾清宫内则有汤局、荤局、素局、点心局……猫儿房。"这些局司皆由大太监掌管，猫儿房也不例外，成为禁宫二十四衙门的一部分。

但"御前又最重猫儿"，《明宫史》说了，明朝的猫儿房中还有"近侍三四人"，专门侍候"御前有名分之猫"。这里的"名分"二字并不是虚指，而是有确切的规制。比如公猫，要称作"某小厮"；母猫要称作"某丫头"；还有一种猫——去势后的公公猫，则要称作"某老爹"。

有名分还不够，如果是皇上特别喜欢的猫，还会特殊对待，加官晋爵——"加升管事职衔"。如果有哪只幸运的猫真被加封了，那么猫和人是有同等待遇的，称呼上要尊称"某管事"或"猫管事"，封赏之类的真金白银也一视同仁，人有封赏猫绝对不会落下。

那么这些猫老爷吃什么呢？据记载，它们伙食极奢，猪蹄、鲜肉、动物肝脏都是小意思。如果我们翻阅明朝的奏折，就会发现有大臣多次提到详细的猫食所费。

《涌幢小品》记载了明朝皇宫所饲养的珍禽异兽的伙食，其中包括猫的：“乾明门猫十二只，日支猪肉四斤七两，肝一副。”《涌幢小品》的作者最后算了一笔账：这些猫、豹、狐狸等的伙食，“若以一年计之。共用猪、羊肉并皮骨三万五千九百余斤，肝三百六十副，绿豆、谷、粟等项四千四百八十余石”。

这些还是弘治初年的数据。要知道弘治皇帝是明朝的第 9 位皇帝，出了名的节俭，但弘治时期爱宠们的伙食却十分可观。弘治之后的正德皇帝是个爱折腾的玩主，大名鼎鼎的豹房就是他整出来的，正德时期的猫粮花费就更不用提了。

《涌幢小品》作于万历年间，从弘治到万历，历经 5 朝 133 年，无怪在文章的最后，作者十分忧心、沉痛地强调：“此弘治初年事。正德中不知增几倍。嘉靖初量减。今（万历）又不知如何矣。”

说到嘉靖皇帝，他可能是明朝皇帝中最大的猫奴了。其他皇帝对猫可能只是养一养、宠一宠，有文艺气质的再画一画（宣德皇帝），但嘉靖皇帝对猫是宠出了感情，宠出了仪式感。

《宛署杂记》记载，嘉靖初年（1507 年），宫中有一只猫“美毛而虬”，毛很美，又长又卷，“微青色”“惟双眉莹然洁白”，嘉靖皇帝给它起名“霜眉”。

这只猫也很稀奇，它不爱咬杀小动物，而且非常善解人意，“目逐之即逃匿，呼其名

嘉靖皇帝像

则疾至，为舞蹈之状”，十分可爱。这么一只漂亮的猫，通人性，不高冷，懂人话，会卖萌，像嘉靖皇帝的侍从般，走到哪儿跟到哪儿。嘉靖皇帝有时也怀疑，怎么会有这么通人性的猫，简直是猫中忠犬？

于是疑心重的嘉靖皇帝打算用假寐考验猫。一天，嘉靖皇帝假装睡着了，霜眉“相依不暂离”，一直等到嘉靖“睡醒了”，才放心地吃喝拉撒去。皇天昭昭，霜眉对嘉靖是真爱。霜眉通过了考验，证明了自己。嘉靖皇帝被这样一只忠犬般的猫儿惦记着，既爱怜，又讶异，感动之余，特赐霜眉封号——“虬龙”。

嘉靖皇帝和爱猫就这样日日依偎，相亲相爱。岁月流逝，忽然有一天，霜眉对着嘉靖皇帝“若疲而泣者”，不久，“走他所，盘曲以死”。嘉靖皇帝悲伤万分，把爱猫葬在了万岁山（景山）的北麓，并且竖了一块碑，碑名“虬龙墓”。

《万历野获编》中也提到这样一只猫，极有可能说的是同一只，但细节略有不同。《万历野获编》记载的是只狮猫，为白色，它在西苑永寿宫去世，去世后嘉靖皇帝“痛惜之”，为之制了“金棺”，葬在“万寿山”，而非上文中的万岁山。

并且，嘉靖皇帝还硬性要求在值大臣为爱猫写青词“荐度超升”。明朝文臣大多一把骨气，都觉得此举太过，不肯动笔。只有侍读学士袁炜落笔而成，并且写得甚得帝心——中有“化狮作龙”之句。嘉靖阅后龙心大悦，袁炜由此步步高升。

清代小说《聊斋志异·大鼠》中，讲了明代万历年间一个故事，极有可能化自同一只狮猫。万历皇帝有一件头疼事，本来好好的皇宫突然闹起了妖怪，居然是一只巨型鼠妖，“大与猫等，为害甚剧”。

万历皇帝很是烦恼，宫里那么多珍贵之物，不能让妖怪给毁了，于是昭告天下，征集好猫来收拾这只大老鼠。诏令一出，猫真是来了不少，结果不仅无一能打得过鼠妖，还被鼠妖当了点心……

正在一筹莫展的时候，凑巧外国进贡了一只狮猫，“适异国来贡狮猫，毛白如雪”，威风凛凛。万历皇帝赶紧下旨，让这只狮猫去试试对付鼠妖。大家把狮猫放到鼠妖所在的房间，在门外窥探。

鼠妖一见狮猫，立刻扑了过来，狮猫转身就跑，“猫避登几上，鼠亦登，猫则跃下”，猫跳到几案上，鼠也追上几案；猫跃回到地上，鼠也蹿下地来。如此这般反复上百次。门外诸人不禁一阵失望，认为这猫也一定会被吃掉。没想到狮猫镇定自若，鼠妖明显体力不支，动作迟缓下来，肥大的肚子喘得一鼓一鼓，蹲在地上休息。

说时迟，那时快，只见狮猫突然像闪电一般扑过去，“猫即疾下，爪掬顶毛，口龁首领，辗转争持，猫声呜呜，鼠声啾啾”，几口就把鼠妖的头咬碎了。

作者蒲松龄在最后总结：猫面对强敌，不逞蛮力，避其锐气，击其惰性，敌疲我打，后发制人，实在是智慧的化身。后人评诗云：

攫拏腾掷势难休，
巨鼠今朝竟断喉。
彼出则归归则出，
笑他终堕敌人谋。

六　清明承平

明爱猫，清爱狗。

与明朝皇帝甘当猫奴相比，清朝皇帝更爱狗。满族为游牧民族，忠诚善猎的狗是人们生活中不可缺少的伙伴。取得天下后，皇帝每年要举行打猎活动，称为“木兰秋狝”，猎犬依然是好帮手，因此清人对狗的关注自然更多一些。

生活在康乾盛世的著名宫廷洋画家郎世宁画过很多狗，其中以《十骏犬图》最为著名。郎世宁画中的名犬都有名有姓，姿态俊逸，一副皇家贵宠风范。而乾隆时期著录的清廷书画总集《石渠宝笈》中，“猫”字、“狸”字仅出现在六幅画的标题中：

“明商喜戏猫图一轴。上等成一。素笺本着色。画款署莲州。上钤商养性。”
“金王庭筠花阴戏猫图一轴。次等洪一。素绢本着色。画款署王庭筠。”

麻条条

"明宣宗画花下狸奴图一轴。上等冬一。宋笺本着色。画款识云宣德丙午制。上钤御府图画一玺。轴高一尺三寸。广一尺二寸二分。"

"名绘荟萃一册。次等天一。凡十六幅……第十五幅花狸。欵云太原王晓画。"

"历代画幅集册一册。次等元一。凡二十八幅……第四幅着色画狸奴。"

"素绢本着色。画轴高四尺六寸八分。广二尺七寸八分。宋人富贵花狸一轴。上等月一。"

而《石渠宝笈》中的"犬"字则约有 24 处，出现在 21 幅画或画的题跋中。看来在康乾盛世的皇家宫廷，喵星人真是拼不过汪星人。

相比于诗词书画，清代的笔记小说中反而更容易寻找到喵星人的身影。比如前文提到的清代乐钧所著的《耳食录》，"事多出于儿女缠绵，仙鬼幽渺，问以里巷谐笑助其波澜"，书内记录了多则关于猫的奇闻异事，前面讲过的猫说人话的故事即出自此书。

《猫犬》讲的是猫化为人。康熙时期，一位老妇人家中供佛，佛前悬一油灯。一天傍晚，老妇人听到供佛的屋子里有人说话，偷偷从门缝里一看，居然看到一只大黄狗双足站立，前爪托着一只白猫，像要杂技似的。"见黄犬人立，以前两足承白猫；猫亦人立，盗饮佛灯油，猫吸油，转注犬口中，复吸之。"猫和狗一起偷喝灯油，狗比较沉不住气，不停催猫："快点儿，一会儿人来了！"

老妇人一看，这不是自家养的大黄狗和小白猫嘛！她推门而入，猫狗皆惊，夺门而出，不见踪影。过了两天，老妇人半夜又在庭院里听到动静，偷偷查看，还是自家的大黄狗和小白猫。只见“猫乘犬背，犬彳亍而行”。老妇人刚一喝止，一猫一犬就立马隐身不见了。晚上，老妇人做了一个梦。梦到一个黄衣男子，一个白衣女子，两人对她说：“我们在您家住了很久，感谢您的豢养之恩，还没有报答您，但现在行迹暴露，我们只能离开了。”说完，两人向老妇人行礼拜谢，然后“卧地转身，忽成猫、犬，猫跃登犬背，骑之而去”。

《恶鼠》则记载了一户人家闹鼠患，主人求得一只好猫，好吃好喝养着，没想到“猫既饱且安，率不捕鼠，甚者与鼠游戏”。猫不捕鼠，还与老鼠成了朋友。无独有偶，某君家里也有这样一只“性不嗜鼠，迥与常猫异”的“怪”猫。此君亦是对之无可奈何，愤而写了一篇讨猫檄文，中有“惟尔猫奴，实称鼠将”的痛心之句。

清代李渔在《闲情偶寄》中，对养猫从另一角度做了特别论述，将猫与鸡犬相比，感慨宦情浮沉，祸福难料：“鸡司晨，犬守夜，猫捕鼠，皆有功于人而自食其力者也。”虽说鸡、犬、猫各司其职，但能与主人亲昵依偎的只有猫，鸡犬只能在屋外活动。看起来是猫占了便宜，可一旦引用功劳比喻世情，就只会用鸡犬举例，从来不提跟人更亲近的猫。

李渔对此的分析是：猫如媚臣，不叫也来，骂它也不走，容易亲近；而鸡犬司晨守夜，忠于职守，因此与主人不常亲近；鸡犬的工作是发自公心，不谋私利，而猫捕鼠却可食用，是有利可图；两相对比，高下立判。李渔严肃告诫：“必效鸡犬之行，而以猫之举动为戒。”

分析归分析，告诫是告诫，最后李渔又来了个大反转。虽然鸡犬比猫的工作更辛苦、更无私，但事实上鸡犬常被作为食物吃掉，而猫却得其天年。联想到宦海沉浮，李渔也不禁感叹："噫，亲疏可言也，祸福不可言也。"

到了清代晚期，猫的历史在封建王朝的余晖中却登上了新的高峰。不约而同，两本辑录猫之历史的专著终于都在清末诞生，一名《猫乘》，一名《猫苑》。

《猫乘》的编著者叫王初桐，是乾隆、嘉庆年间人。《猫乘》的刊刻不晚于嘉庆三年（1798年）。王初桐在书籍正文的"小引"中说："猫之见于经史者寥寥数事而已，其余则杂出于传记百家之书……其事皆无可考。"作者将他收集到的猫资料"雠校之余，指授抄胥采录，积久成帙……分门析类……名曰《猫乘》"。可以说，《猫乘》是最早的猫之史料合集。

《猫苑》的编著者叫黄汉，号鹤楼，是晚清道光、咸丰年间人，于咸丰壬子年（1852年）完成此书。《猫苑》亦"盖博采古今猫事而成其书，分种类、形相、毛色、灵异、名物、故事、品藻为七，条分缕析，巨细兼载，噫！何其博也"。《猫苑》内容十分丰富，正文比《猫乘》多了近5000字，更贵在"引证辩论""注明见有来历"，并"专任校勘者"，非常下功夫，以至时人感叹："君之用心苦矣。"

七　四大皆猫

众所周知，在中国文学史上，唐盛传奇，宋兴笔记，到了明清，则要首推章回小说了。明清的章回小说通俗易懂，题材丰富：历史演义、神魔鬼怪、英雄传奇、世情风俗……其中最著名的就是“四大名著”。

智者见智，猫者见猫。以我蓝毛毛的猫眼观之，从另一个角度解读，或许会打破蓝星人对“名著”固有的印象。

老实说，纵观四大名著，“猫”出现得很少，大约仅36处，算得上近似于无。《西游记》不少于8个章回11处，《水浒传》不少于3个章回8处，《红楼梦》最多，前80回不少于15个章回17处。《三国演义》最少——压根儿就没有“猫”字。（注：因章回版本差异与统计误差，故采用“不少于”某数量的说法。）

表面上看，这4组数据似乎说明“猫”在四大名著中的戏份纯属“打酱油”，但如果我们写下四大名著所述的故事时间、成书时间，再对比猫在中国的发展历程，最终会发现，这是一组非常符合历史、符合实际的有逻辑的数字。

猫在中国典籍里的出现，可远溯先秦，但直至汉代都十分稀少。隋唐开始，“猫”事进入正史，“猫鬼”“猫精”等相关传闻逐渐增多。到了明清两代，上宠下爱，猫的足迹遍布全国各地。猫在中国的历史，可以说是一场逐渐走下神坛，走入民间，不断发展壮大的旅程。（猫在唐代之前的历史，请移步《观复猫：史上无猫不传奇》一书。）

四大名著中故事时间最早的是《三国演义》，讲述东汉末年分三国的故事，“猫”在书中出现0次。在实际的古籍记载中，汉代的猫出场次数确实非常少，此时猫还处在从野

牛魔王

兽到家宠的驯化摸索期；《三国演义》的题材，又决定了其场景多是“运筹帷幄之中，决胜千里之外”，不是权谋就是打仗，跟猫扯不上关系。双重因素，使得“猫”的零出场成为必然。

反观猫出场次数最多的《红楼梦》，其故事发生时间最晚，已到清代中期，此时封建王朝的喵口数量已不容小觑；此外，作为世情小说的代表，《红楼梦》说的是人间烟火，爱恨情仇，那么从痴男怨女的口中带出“猫”的字眼也就不足为奇了。

那么在四大名著中，这36处“猫”，写的是什么“猫”呢？

恐怕要让各位爱猫成痴的迷妹迷弟们失望了，36处“猫”均与故事发展无关。《西游记》《红楼梦》各提到一回“猫睛石”“猫儿眼”，指的是一种宝石；其余则都是有关猫生物性征的短语、俗语，且仅是一笔带过。

什么叫“有关猫生物性征的短语、俗语”呢？看了下面的例子就会明白：

《西游记》：“夜猫惊宿鸟”“干鱼可好与猫儿作枕头”“猫咬尿胞——空欢喜”。

《水浒传》：“那（哪）个猫儿不吃腥”“敢被野猫拖了，黄猩子吃了，鹞鹰扑去了”“得胜狸猫强似虎”。

《红楼梦》：“象（像）个避猫鼠儿”“馋嘴猫儿似的”“养猫拿耗子，我的猫只倒咬鸡”。

在这些短语、俗语中，对猫的描述总结起来就8个字：馋鱼惊鸟，避鼠咬鸡。

但这些生动易懂的短语、俗语让我们更加确定了一件事：对比先秦喵星人的载经入史、神鬼莫辨，明清时期的“猫”更接地气，时常被人们挂在嘴边，闻说于俚语巷尾，可谓深入人心。

若从猫的角度看，将故事情节、出场人物系于喵身，则会有另一番感受。

《西游记》第三十回，白龙马变作宫女大战黄袍怪。在这场战斗中，对阵两人一白一黄，缠斗不休。作者吴承恩是如何形容他俩的呢？

“一个好似白牙老象走人间，一个就如金爪狸猫飞下界。”

《水浒传》第三回讲到鲁智深倒拔垂杨柳前，曾在五台山文殊寺出家，醉酒后大闹五台山，僧人们拦他不住，都向寺里方丈禀报：“本寺那（哪）容得这等野猫，乱了清规！”“这野猫今日醉得不好。”两次把醉酒后张牙舞爪的鲁智深比作“野猫”，可以想见，宋、元时期的“野猫”，比今天的“野猫”更加狂野。

《水浒传》第二十回，宋江的小老婆阎婆惜发现了宋江和梁山好汉联络的书信，以此要挟讨价还价时说：“做公人的，那（哪）个猫儿不吃腥？”几百年来，俚俗辛辣的讽刺好像并没有改变太多。

而在《红楼梦》中，比较有意思的地方是：反复提到同一个词语——“猫儿狗儿”。固然这“猫儿狗儿”有时真的是指猫狗，有时却有着更深的含义，一读便知：“难道他屋里的猫儿狗儿，也不敢去问问不成！”“便他不好了，也如同猫儿狗儿抓咬了一下子，可恕就恕……”“儿子糊涂死了，既作了不肖的事，就同那猫儿狗儿一般。”这里的“猫儿”明显含有贬义。

说到这里，读者们可真有些不服气了，难道猫在名著中存在感就这么低？而且《三国演义》里都没有猫，何谈“四大皆猫”？别急，让蓝毛毛带你翻开另一部旷世神作，观赏世情小说巅峰里的猫。

八 金瓶有猫

今天我们熟知的“四大名著”：《三国演义》《西游记》《水浒传》《红楼梦》，其实是近现代出版中约定俗成的说法。而在明清时期，更加被认可的“四大名著”则为《三国演义》《西游记》《水浒传》《金瓶梅》，也称“四大奇书”。

这种说法最早由明代话本大家——《喻世明言》《警世通言》《醒世恒言》的作者冯梦龙提出，后被清代戏剧大师——《连城璧》《十二楼》的作者李渔发扬光大，在当时人气十足。

冯梦龙是明朝人，李渔是清初人，此时清代乾隆年间成书的《红楼梦》尚未登场，《金瓶梅》却在发光发热。众所周知，《金瓶梅》的内容虽然包罗万象，写尽世情，但因过于直白露骨，从清顺治年起屡次被禁；再加上同类型著作《红楼梦》的问世，使得乾隆以后《红楼梦》逐渐取代了《金瓶梅》的地位，形成了新的“四大名著”。

以上是蓝星人眼中“四大名著”的变迁，如果从猫的视角看，被替换出“四大名著”的《金瓶梅》反而是重中之重。《金瓶梅》中的“猫”，不再只是作为俗语藏在字里行间，也不仅仅是用来形容衬托别人的龙套。如果用两个字形容“猫”在《金瓶梅》中的戏份，一是“多”，二是“重”。

从数量上看

《金瓶梅》中的“猫”出现不少于 22 回 48 处，几乎是《红楼梦》的三倍。

从种类上看

《金瓶梅》中的猫品类繁多：“黄猫”“玳瑁猫儿”“白猫”“白狮子猫儿”“大黑猫”，几乎可以说囊括了所有的中华田园猫。

从语言上看

《红楼梦》中的“猫”之俗语，大多停留在捕鼠、馋猫形象，而《金瓶梅》中的“猫”俗语数量更多，意象更丰富，语言更灵活。比如：“黄猫黑尾”形容心口不一；“猫儿头差事”指差事之微小；“猫儿见了鱼鲜饭一般”，透着机灵劲儿，这种表达方式今天却少见。这些俗语多、灵、古，也许和《金瓶梅》俗辣的文风有关，也与其相对较早的成书时

清雍正 粉彩思春图棒槌瓶
观复博物馆藏

间有关。

从用法上看

《金瓶梅》中“猫”除了是生物、俗语，还是人名、曲牌、章节。有位妓女的名字叫“董猫儿”；有个曲牌叫“琥珀猫儿坠”，从元代即有此曲牌；而在第五十一回的标题“打猫儿金莲品玉 斗叶子敬济输金”中，“猫”之字眼第一次也是唯一一次出现在了“四大名著”的章回标题中。

从情节上看

《金瓶梅》——西门庆的家庭兴衰史——创作于明晚期，作者署名“兰陵笑笑生”，以《水浒传》中武松家事为引，拿西门大官人及其妻妾当主角，“假托北宋，实写明朝”，写实细腻地展现了晚明社会，而书名就是在三个女主角的名字“潘金莲”“李瓶儿”“庞春梅”中各取一字。

猫在《金瓶梅》中地位重要，不仅在多段情节中出现，埋下伏笔，烘托气氛，更是在整部小说中起到了剧情转折的关键作用。

小说前半部，基本在叙述两大女主角潘金莲和李瓶儿之间的恩怨。潘金莲的形象广为人知，李瓶儿需重点介绍。她的人生可概括为一句话：费尽周折嫁给西门，宅斗丧子香消玉殒。

李瓶儿的死，就是《金瓶梅》剧情基调的分水岭，而导致李瓶儿死的最重要原因——丧子，就和猫有关。《金瓶梅》第五十九回讲道，潘金莲有一爱猫，名叫“雪狮子”：“却说潘金莲房中养的一只白狮子猫儿，浑身纯白，只额儿上带龟背一道黑，名唤雪里送炭，又名雪狮子。”这雪狮子有个昵称“雪贼”，似贬实褒，是说它非常机灵，深得主人喜爱。书中描写它“又善会口衔汗巾子，拾扇儿……又不撒尿屎在衣服上，呼之即至，挥之即去”，是只十分聪明的猫。

猫儿惹人爱，这是定律，聪明的猫更是如此。潘金莲对爱猫十分宠爱，伙食极佳：“每日不吃牛肝干鱼，只吃生肉，调养的十分肥壮”，甚至“毛内可藏一鸡蛋”。

前面蓝毛毛曾经讲过，明朝皇宫里的猫专人专管，典籍记载每日肉食有“猪肉、肝”，皇上的猫都吃肝脏，为何潘金莲的雪狮子不吃牛肝干鱼，只吃生肉呢？看到下文就会明白：“（潘金莲）终日在房里用红绢裹肉，令猫扑而挝食”，这是刻意训练猫呢！

原来，李瓶儿和西门庆有个儿子叫“官哥儿”，这个孩子的降生让李瓶儿和西门庆的情感升温，也让潘金莲和李瓶儿的激烈斗争达到顶峰。于是潘金莲想出一招毒计，后文中讲道：“李瓶儿与他（官哥儿）穿上红缎衫儿，安顿在外间炕上顽耍……不料这雪狮子正蹲在护炕上，看见官哥儿在炕上，穿着红衫儿一动动的顽耍，只当平日哄喂他肉食一般，猛然望下一跳，将官哥儿身上皆抓破了。只听那官哥儿呱的一声，倒咽了一口气，就不言语了，手脚俱风搐起来。”

因为潘金莲对雪狮子的刻意训练，李瓶儿和西门庆唯一的爱子官哥儿一命呜呼，李瓶儿受此打击，不久后也随之而去。可叹猫儿无辜，被潘金莲当了枪使，伤人害己。《金瓶梅》的故事基调，也由前半部分的骄奢淫逸急转直下，开始步入苦辣辛悲的尾声。

纵观“四大名著”，从最早的《三国演义》不见猫，到记叙唐代取经故事的《西游记》之“神猫”“妖猫”，描述北宋梁山好汉的《水浒传》的“野猫”，最后是明清《金瓶梅》《红楼梦》中的“俗猫”。这些猫的身影，诉说着喵星人在中国几千年来的身份演变。喵星人走下神坛，走出怪谈，最终踏入人间的万家灯火，参与人世的家长里短、苦乐甜酸。

九　天猫下凡

对蓝星人来说，清末侠义小说《三侠五义》，作为武侠小说的开山鼻祖，其重要地位不言而喻。而对喵星人来说，《三侠五义》亦是猫在中国古代史中的最后一个标志性高峰，是千古绝唱的压轴之作。猫在其中的戏份，无论是出场次数还是咖位，都尤其令人瞩目。其中的重要章回剧目“狸猫换太子”，以及重要文学形象“御猫”展昭，至今仍妇孺皆知，并被一再传唱。“换太子”的狸猫令人见之不忘，气宇轩昂的“御猫”展昭令人思之如狂，他们共同为猫在中国的古代史中画下了浓墨重彩、深入人心的惊叹号。

展昭，字熊飞，绰号“御猫”，武功卓越，行侠仗义，因久居江南，被尊称“南侠”。《三侠五义》中，展昭数次救包拯于危难之中，济百姓达水火之外，被宋仁宗亲封为御前四品带刀护卫，供职开封府。

今天在影视传播力量的作用之下，展昭的形象令人熟悉，自不赘述。但是，屏幕前的蓝星人可能并不知道，展昭原来是——一只猫。

线索：御猫

首先，“展昭是猫”的线索有迹可循。众所周知，展昭是宋仁宗亲封的“御猫”。在《三侠五义》第二十二回《金銮殿包相参太师 耀武楼南侠封护卫》中，包拯向宋仁宗举荐了展昭，介绍了他的三个绝技：

“包公奏道：‘若论展昭武艺，他有三绝：第一，剑法精奥；第二，袖箭百发百中；第三，他的纵跃法，真有飞檐走壁之能。’”

次日至耀武楼，展昭一一施展绝技。尤其是第三项绝技——纵跃之法，小说中做了生动的描述：“单说展昭到了阁下，转身又向耀武楼上叩拜。立起来，他便在平地上鹭伏鹤行，徘徊了几步。忽见他身体一缩，腰背一躬，嗖的一声，犹如云中飞燕一般，早已轻轻落在高阁之上。……此时展爷显弄本领，走到高阁柱下，双手将柱一搂，身体一飘，两腿一飞，‘嗤、嗤、嗤、嗤’顺柱倒爬而上。到了柁头，用左手把住，左腿盘在柱上，将虎体一挺，右手一扬，做了个探海势。……他却转过左手，抓住椽头，脚尖儿登定檩方，上面两手倒把，下面两脚拢步，由东边蹿到西边，由西边又蹿到东边。蹿来蹿去，蹿到中间，忽然把双脚一拳，用了个卷身势往上一翻，脚跟蹬定瓦陇，平平的将身子翻上房去。”

养过猫的人都会熟悉猫的基本动作，比如跳跃前会先缩起身子，跳起来时腰背舒展，能跃出很远很高，甚至半空中还能做转身回旋的高难度动作；只要有借力点，几下腾挪上到高处完全不叫事儿。展昭所做的这些动作，确实与猫太像了。

所以当宋仁宗看到这第三艺时，失口惊叹："奇哉！奇哉！这哪里是个人，分明是朕的御猫一般。"谁知展昭心思机敏，在屋顶听见皇帝这么说，马上就磕头谢恩。"只因圣上金口说了'御猫'二字，南侠从此就得了这个绰号，人人称他为御猫。"

原点：玉面猫

宋仁宗的一句比喻成就了展昭"御猫"的响名。而有猫就有鼠，《三侠五义》中的"五义"就是闹东京的"五鼠"：锦毛鼠白玉堂、钻天鼠卢方、彻地鼠韩彰、穿山鼠徐庆、翻江鼠蒋泽长。猫鼠互搏，热闹非凡。

当我们打开《龙图公案》，会很惊讶地发现《三侠五义》中"五鼠闹东京"另有一个初始简易版本。这一版本神奇玄幻，却透着似曾相识的质朴。

《龙图公案》第五十二回《玉面猫》，说的是五个老鼠精，他们"神通变化，往来莫测"，能变成各种人形。别看能力强，名字却取得朴素，就以大小排名，叫作"鼠一、鼠二、鼠三、鼠四、鼠五"。

布能豹

有一天，机缘巧合，五只老鼠盯上了京城的秀士施某。先是鼠五变成了施某的模样，混入其家中胡作非为，被真施某告上了公堂；接着鼠四干扰视听，直接变作了审案的王丞相；真假王丞相没办法辨别，只得让宋仁宗一断究竟；然而鼠三又来捣乱，将宋仁宗迷倒，自己占坐了朝元殿。

再说真的宋仁宗清醒之后，也来上朝，两个天子坐殿，这可让文武百官大惊失色。没办法，知子莫如母，百官只能搬出太后娘娘来帮忙。太后大惊后冷静说出辨认端倪，原来“真天子掌中左有山河右有社稷纹，看是哪个没有，便是假的”。

这样一来，变成假皇帝的鼠三被识破羁押，与还没变回来的真假秀士、真假王丞相一起关入大牢。这时，在外面的鼠一鼠二要救出鼠兄弟，于是鼠二变作了假太后，妄图假传懿旨偷放嫌犯。这下除了秀士施某、王丞相分辨不得，就连太后都难分真假了。宋仁宗十分头疼，众臣皆表示，只有请包拯大人回朝断案了。

没想到，道高一尺魔高一丈，五鼠中个头最大的鼠一，变成了包拯。

眼看着这事乱成了一锅粥。但狡猾的五鼠漏算了一点——包大人非是凡人，乃文曲星转世。他被五鼠惹得“怒从心上起”，于是愤然决定上奏玉帝。原来，五鼠乃“西方雷音寺五鼠精”，需要请来同在雷音寺的“世尊殿前宝盖笼中一个玉面猫”，方能降服。

世尊，如来也。　开始玉帝派去大使请求帮助，世尊听了比较犯难，因为这玉面猫是要保护经书的，故将金睛狮子当作玉面猫借去。但在五鼠精面前，这金睛狮子的专业不对口。于是玉帝又派天使陪包公去了趟雷音寺，终于成功借得玉面灵猫。

包拯从西天取猫归来，成竹在胸。他按照世尊教的方法，将灵猫从袖中祭出。灵猫似虎，瞬间四鼠丧命，剩下一鼠奔逃，灵猫穷追不舍，“随金光赶去”。留下真包公、真仁宗、真国母、真王丞相、真秀士，满朝文武皆大欢喜，故事完美落幕。

传承：文学曲艺

对照《龙图公案》与《三侠五义》，故事地点同为北宋东京，同样有“五鼠”为怪，而对抗五鼠的，《龙图公案》中为世尊身边的“玉面猫”，《三侠五义》中为仁宗亲封的“御猫”。不仅有鼠有猫，《龙图公案》的“五鼠”和《三侠五义》的“狸猫换太子”还都闹出了真假皇娘、真假太子（仁宗）。《玉面猫》所描述的这桩神奇的包公案，可能就是“御猫”展昭、闹东京五鼠乃至“狸猫换太子”案的灵感来源之一。一段玄虚的公案故事演化为侠义传奇，不得不说有迹可循。

在另一个更加文学化的“包公案”版本《新刊京本通俗演义全像百家公案全传》中，猫鼠的关联性则表述得更加明显。《百家公案》在此段公案的最后这样写道：“此段公案名《五鼠闹东京》，又名《断出假仁宗》，世有二说不同。此得之京本所刊，未知执是，随人所传。”

从《包公案》到《三侠五义》，从天上“玉面猫”到人间“御猫”，由相似到不同，其间经历的是无数曲艺、戏剧、小说家的接力与润色，修改与创作。

同样是猫鼠对抗，五鼠从《龙图公案》中简单的鼠一、鼠二、鼠三、鼠四、鼠五，变成了有名有姓的五名义士：锦毛鼠白玉堂、钻天鼠卢方、彻地鼠韩彰、穿山鼠徐庆、翻江鼠蒋泽长。他们有血有肉、侠肝义胆，为《三侠五义》增添了强大的角色魅力。

将此独特角色魅力赋予《三侠五义》的，是一位道光年间的著名曲艺家，世称“单弦之祖”的石玉昆。作为曲艺说唱的佼佼者，石玉昆传唱的《包公案》最为有名，名动公卿。后人有“编来宋代包公案，成就当时石玉昆”之句。

石玉昆之后，清末文人根据当时的《龙图公案》，结合石玉昆流传下的石派说唱，耳听为录，将唱本转为了章回小说《龙图耳录》。《龙图耳录》只有抄本，遂又有文人雅士将清光绪七年的《龙图耳录》抄本增删润饰，成为如今我们看到的《三侠五义》。其后，根据《三侠五义》衍生的各类戏剧、话本、小说、影视作品，大行天下。（《三侠五义》成书新考，苗怀明）

结　语

由五代到清代，一千多年间，猫在明清完成了由神异灵物向正义侠士的转变。一部《三侠五义》横空出世，是为数不多将喵星人“推为主角”的小说。历史上第一次，人与猫的

金胖胖

结合如此自然、融洽、温暖。以猫命名的绰号，第一次带上毫不犹豫的肯定色彩，真正被人类接受。

这正像是猫在中国古代的融入之旅。从秦汉为人所祭的神，到隋朝血雨腥风的鬼，再到唐宋灵异报应的精，最后化为明宫皇帝深情而待的宠。

直至清朝，猫终于成为被陶然演说、普天同喜的——人。

注：喵星人：指猫

　　蓝星人：指人类

第 1 爪

戴南瓜

天生一副麒麟貌，金眸银爪身手锐。
朝升起舞梳洗迟，暮沉日落昏欲睡。
梦回塞北黄沙路，横刀立马劲风吹。
英雄无须问出处，将军来把观复归。

鋄金兰札体龙纹胄　明永乐

龙纹胄以铁锻制，顶盘、左右梁、眉庇、护额等均饰铁鋄（jiǎn）金纹饰。顶部饰兰札体梵文一圈，周身饰四条五爪金龙。鋄金是一种古老的工艺，在金属胎上嵌咬住金银片，打平磨光后，表面形成一层平滑光亮的金银装饰。

戴南瓜，相貌堂堂，身姿威武，眼如鳌拜，威风八面，被尊称为“南瓜大王”。

此件龙纹胄用料考究，做工精细，与英雄戴南瓜极为相衬。南瓜戴此头盔，仿若统兵千万的大将军，发号施令，检阅军队。

戴南瓜相貌堂堂，体态威武

南瓜是沾谢鸳鸯光来的，尽管南瓜眼都不夹鸳鸯一下，不承认他们曾是同学。南瓜从航空箱抱出来时火红一团，其色如深秋之南瓜，不知谁随口一说，真像个大南瓜，我就说那就叫他“大南瓜”吧。按照观复猫的传统，有名就得有姓，“大”谐音大舌头改为“戴”，戴南瓜，叫着叫着就顺口了，舌头也不觉得大了。

戴南瓜有一双典型的「刀刀眼」

将军出征

戴南瓜天生一对刀刀眼，严肃起来十分威武霸气。南瓜在原先的小区十分不合群，所有的猫行动一致，只有他独往独来。那个小区还有一群狗，眼里容不得沙子，一见猫就赶尽杀绝，让猫们没有一天安生日子。在猫的眼中，这些狗就是黑社会团伙成员，影响和谐。

能耍酷，能卖萌

谁知突然有一天，戴南瓜命运改变，来到了观复博物馆。刚来的时候，南瓜以为他来自水泊梁山，见谁都欲收拾一下，没想到遇到了对手——小二黑和马都督。由于南瓜的加入，庭院中“南北对峙”局面变成了“三国演义”，“观复三雄”由此而生。这下忙坏了观复的哥哥姐姐们，天天做他们的思想工作，让他们和谐为本，大局为重。

橘猫很适合秋色

瓜的江山不容染指

一开始，三雄个个都雄，谁也不服软，战斗起来拉都拉不开，梁子结得很深，有时隔着玻璃还能骂半天。大家想了无数办法，希望三雄化干戈为玉帛，就算不能友善也不要打架，可三雄谁也不示弱，谁也不服软。自打戴南瓜来，三雄不能见面时就撒尿占地盘，你一泡我一泡，但凡别人经过留下气味的地方，我也要尿上一泡，表示自己的存在。

时间能医治百病。时间久了，观复三雄慢慢好多了，尿来尿去也越发没劲，也尿不出大小高低，还让小哥哥小姐姐天天打扫喷香去味。终于有一天，三雄明白了一句俗语，开始身体力行地做了，这就是土话说的——我不尿你。

长毛橘猫的撞色之美

第 2 爪

谢鸳鸯

拖枪挂印闯江湖，侠女豪情萦于心。
珐琅琥珀异色瞳，摄人魂魄在无形。
天性不羁爱自由，利剑出鞘为清静。
岁月安好如初见，鸳鸯观复留美名。

瓷塑青花粉彩描金鸳鸯摆件　清乾隆

从古至今，鸳鸯都是爱情的象征。古人用鸳鸯代写爱情的诗词比比皆是。

谢鸳鸯天生鸳鸯眼，一黄一蓝，因此得名。美貌的鸳鸯英姿飒爽，心中有爱。

青花粉彩描金鸳鸯摆件，采用青花、粉彩两种工艺，眼部满描金，颊施酒晕妆，头顶青花羽冠，颈部矛形翎羽，通身色彩斑斓，华丽优美。

鸳鸯的眼睛里是星辰宇宙

薄雪清寒立鸳鸯

谢鸳鸯与戴南瓜不算同班同学，也算是校友，他们来自同一住宅小区。中国城市里的住宅小区，无论高档低档，都会生存着数量不一的流浪猫。谁说猫嫌贫爱富，这在住宅区中可看不出来。豪华别墅也罢，老旧小区也好，流浪猫都怡然自得却又辛苦地生活着，日复一日，年复一年。

鸳鸯的毛色是猫谱中的『拖枪负印』

有的时候，谢鸳鸯动若脱兔

猫和人一样，改变命运需要机遇。谢鸳鸯的命就好，好就好在天生鸳鸯眼，一黄一蓝，花色还在猫谱：拖枪挂印。拖枪挂印也称拖枪负印，自古猫谱中就有，指的是白猫黄尾巴或黑尾巴，身上必须有块大小适中的斑。有关古代猫谱的书，目前能找到的都是清代晚期的。据推测，早在宋代，为猫起名就在文人中流行，口口相传，所以这些猫的名字多多少少带有宋味儿。

这不是胖，是照相角度问题

拖枪挂印本身是一副将军上阵的装扮，枪不用说，印则是“君命”。“将在外，君命有所不受”，出自《孙子兵法》，意为随机应变。文人移植于猫谱，算文化的另一类积累。

谢鸳鸯来博物馆是因为鸳鸯眼，起的名字也是因为眼睛的缘故。救助人姓谢，遂让鸳鸯随了她姓，救助人也很乐意。鸳鸯一来就大大方方的，与人为善，不管客人、主人，她都会主动上前，凑在人腿前走来走去。但是有一点奇怪，鸳鸯并不喜欢别人主动，不管是谁，你一主动，她就悻悻地离开了，这让人猜想她的心里是否留有童年的阴影。

有的时候，谢鸳鸯静若处子

高冷表情对鸳鸯的美貌反而是种增色

幸福的时光要慢慢享受

总之，谢鸳鸯来到博物馆享受文化熏陶之时，还享受着她的猫生余下来的时光。她与旧雨新知相处得和谐融洽，并不知身上那块黄斑有什么具体含义，尽管这象征着出征在外的将军拥有一切权力。

第 3 爪

王情圣

白底泼墨本无心，鼻头一抹号“衔蝉”。
丑萌耍帅爱美人，戏精百变乃天生。
嗅花扑蝶捉鱼忙，为求上镜无不能。
唱念做打基本功，潜心修炼终可成。

彩绘描金持荷花灯宫装仕女像（对）　清乾隆

王情圣猫如其名，性格温柔，情商特高，对谁都是爱心满满的样子。

遇到两位一模一样的漂亮小姐姐，可让王情圣犯了难，该选哪一个奉献自己的爱心呢？

这一对仕女立像，身穿华丽的描金花卉纹宫装，腰系丝绦。仕女细眉弯目，红唇含笑，模样可喜；头梳高髻，插戴首饰。两仕女均手捧莲花形宫灯，一为左手持灯，一为右手持灯，以另一手做扶灯状。此对仕女立像应为外销瓷器，满足了欧洲人对中国古代仕女的美好想象。

情圣猫如其名，多情善感

黑白斑块的猫是中华田园猫的一个品种，有一个可笑的俗名——奶牛猫。我自幼对奶牛猫有个认知，叫作“大花猫”。猫怎么花也不如奶牛猫花，黑白分明，花起来毫无规律。

王情圣是我去一个救助人家领来的。当时那个救助人热情似火，对待流浪猫尽心尽力，每天两次拖着小车到处去喂猫，在她家的两居室楼房里，居然有几十只猫，还有堆积成垛的猫粮。我在众多的猫中一眼就看上了王情圣，他不怯场，瞪着圆圆的眼睛看着我，这让我立刻把他揽入怀中。

王情圣酷爱表演，驾驭各种角色不在话下

今朝有酒今朝醉

马霸霸和情圣

王情圣就这样加入了观复猫的大家庭。来时照例体检，发现他全身是病，然后就送医治疗，反复多次，终于王情圣漂漂亮亮地痊愈了。

王情圣有个大黑鼻子，形似一只鸣蝉，猫谱称为“衔蝉”。也正是因为他的大黑鼻子，让我想起了小时候看过的故事《大鼻子情圣》，所以就随口叫他情圣。情圣也得有姓，想来想去，姓王最合适，有王者风范。

王情圣的花色是猫谱中的“衔蝉”

眼神里满满都是戏

谁还不是个帅气的小猫咪呢

听说古代高士都喜欢竹林

王情圣真是名副其实，体现了观复猫的情商，不枉“情圣”之名。他跟谁都示好，总是用他那颇具喜感的鼻子先碰碰对方，发出友好的呼噜声。这举动人见人爱，花见花开。猫们见到他都无可奈何，只能接受这普天大爱，享受和谐世界带来的美妙。

王情圣渐渐就成了戏精，开始表演他的爱，对人对物对猫，他都是一副宠辱不惊、富贵不淫的姿态。当然了，我行我素地充分表达爱，人是做不到的，但猫可以做到，王情圣为人类做出了爱的榜样，定会载入史册。

第 4 爪

黄小仙

橘猫小仙司谶纬，河图洛书点津忙。
毛色堪比春光暖，虎睛石眼秋波长。
无须问草何故绿，清风送来杏花香。
吉凶不问乐悠悠，心宽体胖不可挡。

铜鸭踏金蟾香薰　明代

香薰为铜铸而成，三足金蟾在下，背上单脚站立一只长颈回首的鸭子，形象生动，颇有妙趣。铜鸭的腹部内空，其中可燃放香料，香气通过微张的鸭嘴飘出。

“财源广进、八方来财”是众多世人心愿。“鸭”与“压”谐音，三足金蟾寓意财富，铜鸭独掌横立金蟾之上，取“压横财”之意。

家有橘猫，钱财不愁。“法力无边”的黄小仙身为橘猫，体态丰润，颇具富足之姿，暗合“压横财”的吉祥寓意。

小家碧玉黄小仙

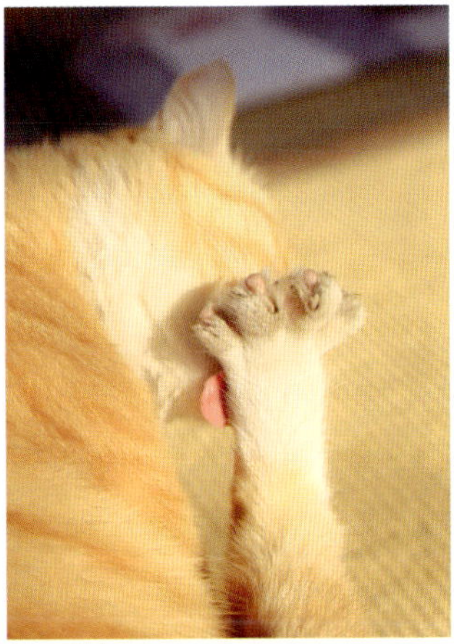

黄小仙有个罕见的虎睛石般的黄眼睛，显得异常深邃。她与一般的流浪猫不同，十分胆大亲人，把生人当亲人，径直走到我的跟前讨好，让我迈不开步。于是我让老婆取来航空箱，打开门的一刹那，黄小仙立刻钻了进去。于是……

小仙子的歪头杀

黄小仙到了博物馆，体态日渐圆润

于是黄小仙成了观复猫的一员，专司谶纬。谶纬起源秦汉，对自然界知之有限的古人曾热衷此术，遂成为儒家一门学问。过去常被认为属于神学迷信，天文、地理、神话、传说无所不包，其荒诞中不乏精彩，精彩中不乏宏观，故读历史要看大宏观。

黄小仙到家先饱餐一顿，睡足一觉，精神抖擞地到观复猫办公室报到。可她身上有点儿脏，两位姐姐检查收拾一番后，决定让她先住几天单间，然后再和大家见面。几天后，小仙获准加入大家庭，她真的一点儿也不把自己当外人，见谁都亲，跟谁都玩，结果没几天居然把自己玩发了情，嗷嗷叫着要交男朋友，让人不堪。

黄小仙的眼睛如琥珀般美丽

按部就班的原则是各司其职，黄小仙要比黄大仙做的事情具体，否则对不住自己那双深邃黄宝石色的眼睛。眼睛是心灵的窗户，而这窗户不能对谁都开，将来还有许多工作要做。猫与人一样，都有命理，都要在有需要的时候求高人指点迷津。黄小仙真是具备非常好的先天条件，剩下的就看她自己的造化了。

黄叶与橘猫，温柔富贵乡

小仙享受一年四季的变化，
才不伤春悲秋

第 5 爪

杜拉拉

宋玉潘安兰陵王，翩翩公子世无双。
银狐幻影听风吟，奔逸绝尘袖留香。
淡泊名利无雄心，江湖夜雨不相忘。
月出东山英姿发，羽扇纶巾比周郎。

犀皮漆圆捧盒　明代

犀皮又被称为西皮、犀毗。先用漆在胎骨上堆起高低不平的地子，在上面分几次罩上不同颜色的漆层，最后磨平。在地子高起的周围，研磨后会露出一圈圈不同色漆层断面，出现不规则但又有韵律的绚丽花纹。

此件犀皮漆圆捧盒为皮胎，内部髹饰朱漆，器表红黑相间，中间夹杂暗绿花纹，如行云流水般生动，这种纹饰称为“片云纹”。

杜拉拉俊逸高洁，颇有古风，与此件高雅贵重的犀皮漆盒气质正相配。

45度角仰头是拍照的最佳角度

杜拉拉是朋友养的一群猫中的一只，他养的猫太多了，他又老要出门，所以就让朋友们领走几只。杜拉拉就这样来到了观复博物馆。因为杜拉拉的出身高贵，具备小资情调，加上那阵子有部电影叫《杜拉拉升职记》，想想杜拉拉符合猫的气质，于是杜拉拉就在这一天改换身份了。

杜拉拉身上有一种贵族气质

带着淡淡忧郁的拉拉小王子

杜拉拉来时大胆了几天，后来可能不适应这种大家庭的生活，忽然谨小慎微起来，这让哥哥姐姐们为他担忧。杜拉拉每天静静地待在一旁，看着其他同伴忙来忙去、逍遥自在，再看看自己，说不出悲喜，也不知凶吉。

盛世美颜

日复一日，每天杜拉拉都看见有人给他们喂水添食，为他们打扫卫生。生活环境比从前好上很多。他过去的主人忙，很多时候顾不上他们，一天天地看不见人，这让几代娇生惯养的杜拉拉有些伤感。他有时在回忆儿时欢快的时光，有时在回忆父母为他讲过的家史。

来到观复猫的大家庭，杜拉拉找到了归属感

小资情调的杜拉拉慢慢在观复猫的大家庭中认知了自己，他知道幸福是一种追求，可以说是一种主动的追求。从他想通的那一天起，他突然像换了个人（猫）似的，慢慢地走出了心中的阴影，开始试探性地迈出他人生的一步，走出猫别墅，到院子里散散步。

更广阔的天地在等着拉拉

清早人少时，是杜拉拉最放松的时候。他发现草地的草细软嫩绿，发现鲜花含苞欲放，还发现有许许多多的石头动物在他左右，与他们打招呼有时可以穿越，不知走到哪一朝哪一代。杜拉拉想，观复博物馆真好啊，可以让我思考猫生，知轻重，知急缓，知进退。

下班了，拉拉发现夕阳美得像一首诗

第 6 爪

苏三三与苏二花

三三背色黑白橘，携女带子来观复。
大爱无言物有灵，个个都得好归宿。
苏家有女初长成，活泼好动霸王主。
犹记承欢慈母前，梦里温暖来时路。

白玉雕仙人骑凤摆件　金代

金代继辽代之后雄踞中国北部，玉器工艺上承辽代传统，同时受到宋代工艺的强烈影响，艺术风格别具一格。金代玉器中既可以见到如辽玉一般光素大气的器皿，又可以见到不输宋玉的雕镂入微的装饰作品。

此摆件为白玉质，雕刻仙人骑凤。凤鸟两翼间端坐神仙人物，右手前指，似在指引仙山秘境。凤鸟回首，两翼高扬，凤尾回旋，动态十足。

活泼胆大的苏二花，希望有一天也能骑上凤鸟，去那遥远的仙山寻找妈妈苏三三。

苏三三带着女儿来到观复博物馆，结束流浪生活

我早上起床时总愿站在窗前观望对面楼下的流浪猫们。一遇刮风下雨天我就有些忧心忡忡，尤其大雪覆盖时节，看不见他们我就会嘟囔几句，以释对流浪猫们的惦念。

苏三三是个尽职尽责的好妈妈

观复猫的队伍日益壮大，加入这支队伍的多数猫是流浪猫，少数猫是被人弃养的。猫和狗虽然都是人类豢养的宠物，但两者性格迥然：猫独立，狗依赖；猫安静，狗热情；猫易自理，狗需照顾；尤其在野外，猫比狗更容易生存下去，这也是全世界任何一座城市几乎都可以看见流浪猫，却很少看见流浪狗的原因。

二花对外界永远充满好奇

城市流浪猫是一支庞大的队伍。由于猫的繁殖能力极强，如果不进行人工干预，有的地方的猫会泛滥起来，因此世界各地就有许多热心人士成立了救助组织，提出了“领养”这一概念。我们非常赞同这一理念，我们提出的口号是：用领养替代购买，让生命不再流浪。

苏二花从小患病，所幸生命力顽强地长大了

端午节期间，观复猫做了第一次“领养”活动。一只叫苏三三的流浪母猫被救助时已怀孕，一窝生下六只小猫，我给小猫们起名：苏一花，苏二花，苏四黄，苏五黄，苏六黄，苏七白；避母讳三。六只猫在观复幸福地成长着。在我们发出领养消息后，许多家庭和个人踊跃报名。我们选择了五户人家，把五只小猫交付给他们，盼望“观二代”们融入其中。

苏二花因身体先天有疾病，由博物馆留下精心照顾。本来是提心吊胆养护着，没想到这小姑娘能吃能玩，健康地长大了。因为天不怕地不怕，好动活泼，苏二花荣膺外号“霸王花”，让铲屎官们无比欣慰。而苏三三因长期流浪导致身体虚弱，患上重病。在自己心爱的孩子们都有了好归宿后，三三回到了喵星。

求抱抱

传说中的霸王花，也有温柔的一面

我还记得在领养交接仪式上最令人感动的一幕。在全部小猫被交给新主人之后，苏三三长喵一声，侧卧倒地，让已经断奶一月有余的小猫象征性地喝了最后一口奶。这使围观的一百多人惊讶不已，生物有灵，感天动地。

第 7 爪

段花花

尾短眸绿花美男，一段身世无处说。
生活不易爱随行，幽幽独处洞观火。
夏有骄阳冬有雪，终归喵星泪闪烁。
万籁俱静梦回时，梧桐树下看叶落。

错金银嵌松石行灯　西汉

行灯，顾名思义，是在行进中可以手持使用的灯具。此件西汉行灯，灯盘较浅，直壁平底，其内装灯油。下设高足，可稳稳当当地放置于平面。灯壁外侧设一曲柄，可供行走时手持。

行灯通体采用错金银工艺，于青铜胎体上嵌饰金银，形成纹样，再打磨平滑。错金银的工艺复杂，效果华丽，通常为贵族阶层使用。此件行灯还镶嵌了绿松石，更增美观与珍贵。

翩翩公子段花花，即便惯于锦衣夜行，也会觉得一盏在黑暗中的明灯，是那么温暖和亲切。

段花花长得好看，眼睛如绿宝石一般

我在家时常常一人站在窗前向楼下观望，安静的院子里有一群流浪猫。流浪猫有自己的生活，天蒙蒙亮时就会慵懒地走动，等待好心人送来猫粮。他们三五成群，吃饱了就打打闹闹，累了就找地儿歇息，高高兴兴地过上一天。我发现其中有一只花猫不怎么合群，老是独自游走或静卧幽处，仿佛心里有事。

段花花刚加入观复猫时，还有些胆小

忽然有一天，我发现这只花猫尾巴很短；我视力很好，远近都看得清楚。这毛色花花的短尾猫让我心里一动，顿生怜悯，然后就唤来博物馆的同事，同事说，带他回博物馆吧！明早6点，试着抓住他。流浪猫都警觉，尤其这只猫比其他猫更胆小，能不能将其抓住是个未知。

段花花是马霸霸亲自接回家的

那是个秋日清晨，早上6点整，我站在自家窗前，俯视寻找他，只见他独自趴在一辆车顶上。然后我收到手机短信，同事已在楼下。见证奇迹的时刻到了，这只短尾巴花猫竟然径直走到同事身边，温顺地趴下，没能用上诱捕笼，没等我下楼，他已经坐在去观复的车上了。

这就是段花花，因为尾短，所以姓段。我抱了抱他，手感很好，不瘦。然后照例先去医院体检清洁，同事告诉我，段花花曾经做过手术，可能是被遗弃的。我心里忽悠了一下，然后摸了摸他的头，看了看他那双羞涩的绿眼睛，心里说，从今以后你的好日子开始啦！

段花花从此就加入了观复猫的大家庭，他的美貌，他的体态，他的优雅，他的羞涩，让每一个人心动。花花胆小，你抱他时他会有一点儿紧张，眼睛看着远方；你看着他，他会移开视线，眼睛依然还看着远方；终于有一天，羞涩的段花花主动向我走来，迈着慢动作一样的经典猫步，这让我知道了“生活不易，为爱而行”具有的超能动力。可惜啊可惜，段花花在博物馆生活了两年多后不幸罹患绝症，匆匆去了喵星，让我们为他扼腕叹息。愿喵星没有病痛，愿喵星的观复猫们团聚。花花，见到大肥、包包、三三、令狐瞳，一定替我们带好啊！

白玉双猫　清代
观复博物馆藏

觀復博物館
GUANFU MUSEUM

观复猫

理事长 花肥肥

常务理事 黄枪枪

秘书长 花飞飞

学术馆长 蓝毛毛

宣传馆长 马都督

安保副馆长 小二黑

馆员 岳家枪

馆员 布能豹

馆员 庄太极

馆员 黄小仙

馆员 程两两

馆员 韩昏晓

馆员 和小幺

馆员 苏二花

馆员 大阿宝

馆员 孟大咖

馆员 左罗罗

实习馆员 莫小奈

馆员 段花花

馆员 杨玉环

花名册

● 男喵 ● 女喵 ● 去喵星

运营馆长 麻条条

接待馆长 金胖胖

营销馆长 云朵朵

纪检副馆长 戴南瓜

宣传副馆长 王情圣

馆员 李对称

馆员 花荣荣

馆员 谢鸳鸯

馆员 宋球球

馆员 郑小墨

馆员 杨家枪

馆员 苏格格

馆员 牛魔王

馆员 令狐花

馆员 杜拉拉

荣誉馆长 黑包包

馆员 苏三三

馆员 令狐瞳

观复猫礼

长度：21 厘米

宽度：10.5 厘米

观复猫“风雅颂和”贴纸

观复猫倾情演绎风流雅士、红粉佳人，秀雅活泼，婉约可爱。

辅以各类家具陈设，古代盛世跃然纸上。

贴纸有“风、雅、颂、和”四款，可任意组合，创造出独特效果。

观复猫节气马克杯

史上最有文化的观复猫，
古风扮相完美演绎“二十四节气”。
神秘妩媚谢鸳鸯，温柔可人黄小仙。
日日饮水知冷暖，节气变化总相伴。

宽度：8.5 厘米（不含杯把） 高度：9 厘米

观复猫古画团扇

习习和风扇，悠悠淑气微。
有观复猫小主陪伴的夏天，不再酷热难耐。
轻风慢摇，如是清凉，惬意不已。

扇面直径：21 厘米

扇柄长度：15 厘米

观复猫十二色铅笔套装

观复猫穿越历史，钻进古画，带我们领略中国古代绘画的博大精深。
拿起彩色铅笔，为观复猫演绎的国宝级古画涂色吧！
可依样涂色，也可自由创作。
涂鸦赏古，其乐无穷。

外盒长：19 厘米　外盒宽：10.5 厘米